Viver com saúde e bem estar, o mais possível em harmonia com as leis
da natureza, está ao nosso alcance. Atingirmos um bom equilíbrio
físico e espiritual é alcançarmos, também uma nova consciência de
nós e do que nos rodeia.
Ao criarmos esta nova coleção temos em vista essa finalidade: estar em
forma significa estar em harmonia connosco e com o mundo
exterior.
Ao abrangermos áreas tão diversas como, por exemplo, a prática
desportiva, a saúde e a dietética, visamos proporcionar ao leitor
manuais de fácil consulta e uma informação de qualidade.

TÍTULOS PUBLICADOS

1. WA-DO – OS MOVIMENTOS INSTANTÂNEOS DO BEM-ESTAR, *Tran Yu Chi*
2. MANUAL DE CULTURA FÍSICA, *J. E. Ruffier*
3. O TRATAMENTO DA ASMA, *Dr. Chris Sinclair*
4. A COZINHA SAUDÁVEL, *Anne Barroux*
5. O PODER CURATIVO DOS CRISTAIS, *Magda Palmer*
6. O TRATAMENTO DAS ALERGIAS, *Keith Mumby*
7. ALIMENTAÇÃO RACIONAL BIOLÓGICA PARA SÃOS E DOENTES, *Adriano de Oliveira*
8. VITAMINAS E SAIS MINERAIS, *Charles Picard*
9. O PODER CURATIVO DOS METAIS, *Emilio de Paoli*
10. O PRAZER DE ESTAR EM FORMA, *Henry Czechorowski*

O PRAZER DE ESTAR EM FORMA

Título original: *Le Plaisir d'Être en Forme*

© Éditions Seghers, Paris, 1975

Tradução de Maria da Conceição Calha

Capa de Arcângela Marques

Depósito legal n.º 43405/91

ISBN 972-44-0786-1

Direitos reservados para todos os países de língua portuguesa
por Edições 70, Lda.

EDIÇÕES 70, LDA. – Av. Elias Garcia, 81 r/c – 1000 LISBOA
Telefs. 76 27 20/76 27 92/76 28 54
Fax: 76 17 36
Telex: 64489 TEXTOS P

DISTRIBUIÇÃO:
DEL – DISTRIBUIDORA DE LIVROS, LDA. – Av. Elias Garcia, 81 r/c – 1000 LISBOA
Telefs. 76 27 20/76 27 92/76 28 54
Fax: 76 17 36
Telex: 64489 TEXTOS P

DELEGAÇÃO NO NORTE:
DEL – DISTRIBUIDORA DE LIVROS, LDA. – Rua da Rasa, 173 – 4400 VILA NOVA DE GAIA
Telefs. 3701912/3

NO BRASIL:
EDIÇÕES 70, BRASIL, LTDA. – Rua São Francisco Xavier, 224-A (TIJUCA)
CEP 20550 RIO DE JANEIRO, RJ
Telef. 284 29 42
Telex: 40385 AMLJ B

Esta obra está protegida pela Lei. Não pode ser reproduzida,
no todo ou em parte, qualquer que seja o modo utilizado,
incluindo fotocópia e xerocópia, sem prévia autorização do Editor.
Qualquer transgressão à Lei dos Direitos de Autor será passível
de procedimento judicial.

HENRI CZEC OROWSKI

O PRAZER DE ESTAR EM FORMA

edições 70

Este livro é dedicado
à possibilidade de transformar
OS SONHOS EM REALIDADES

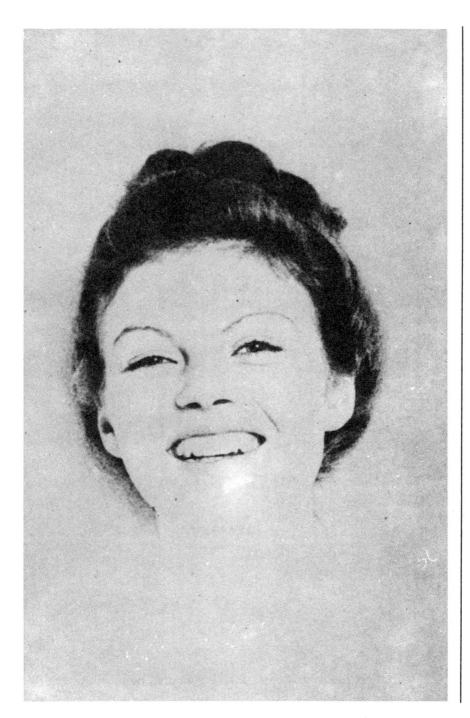

A prática de alguns conselhos contidos neste livro não substitui em nenhum caso a consulta de um médico.

PREFÁCIO

DESPERTAR

Esta nova obra de Henri Czechorowski completa perfeitamente a anteriormente publicada, que nos ensinava A Prática das Massagens [1].

Os diversos movimentos e exercícios apresentados pelo autor são simples, acessíveis a todos e salutares: há alguns anos que a sua eficácia tem sido demonstrada em quem os pratica. Fazem trabalhar o corpo, e ajudam-no também a desligar-se do nosso sistema, mental que, na vida trepidante actual, nos atormenta frequentemente. Afastam os miasmas psíquicos e as tensões corporais que acabam por deturpar a nossa visão do mundo e da realidade e paralisam as nossas potencialidades de acção e o despertar da consciência. "Põem-nos em forma" e abrem-nos certas portas de acesso ao prazer.

Porque, hoje em dia, o problema do prazer é uma realidade.

Basta olharmos à nossa volta para nos darmos conta disso. Nunca as pessoas foram tão cerceadas, se mostraram tão impacientes, procuraram tão cegamente o "FUN", o prazer a qualquer preço. Desejamos o poder, a força, queremos situações prometedoras, assim o pensamos, queremos maiores possibilidades de prazer, pretendemos dominar a nossa vida, as nossas opções... E, na verdade, quase todos se perdem numa fuga desvairada em frente, para o desconhecido, para o Eldorado, para o prazer supremo que jamais atingiremos assim. Julgamos ter o

---

[1] Publicada em língua francesa por Ed. Seghers.

melhor, julgamos divertir-nos, fazemos tudo para isso, anulamos os tabus, exaltamo-nos com bebidas, pílulas e drogas diversas. Evadimo-nos do lado triste e mesquinho da vida e do trabalho, sonhamos com o prazer que daí possa vir. Mas as pessoas são, na verdade, cada vez mais infelizes, neuróticas, limitadas. Uma vez dissipada a euforia da falsa felicidade, resta a desilusão e a tristeza.

QUE É O PRAZER?

Um estado de graça e alegria, um estado em que a vida se manifesta numa plenitude de impulso criador. Na vida, não existem duas experiências semelhantes, não existem dois prazeres idênticos. Todo o acto pode resultar numa possibilidade de prazer intenso, todo o acto se pode tornar criador, alegre, feliz. O absurdo desta sociedade deve-se ao facto de ter abolido o prazer desta vida, de o ter colocado longe, num pedestal. Ora, sem uma atitude criadora perante a vida, sem sensibilidade e disponibilidade para as coisas e para os seres, não haverá nem prazer, nem autêntica alegria de viver.

Para suprir esta falta existencial, é necessário começar por reencontrar o nosso corpo. Aqueles que perseguem o prazer, pensam servir-se do seu corpo porque comem, bebem, fazem amor... No entanto, fazem tudo isso incompletamente. São inúmeras as pessoas que já não sabem respirar nem movimentar-se com graça e naturalidade, que se deixam andar, que já não sabem aproveitar os momentos. O seu universo mental encontra-se doente, não vêem, não ouvem, já não sentem a realidade ambiente. Desagregadas, encontram-se no caminho da doença e da nevrose.

REENCONTRAR O SEU CORPO

Os exercícios propostos neste livro, tal como no anterior, servem justamente para restabelecer o contacto com o nosso corpo. Ensinam a executar gestos benéficos e, sobretudo, a respirar. Porque a relação entre a tensão e a respiração é evidente: a inibi-

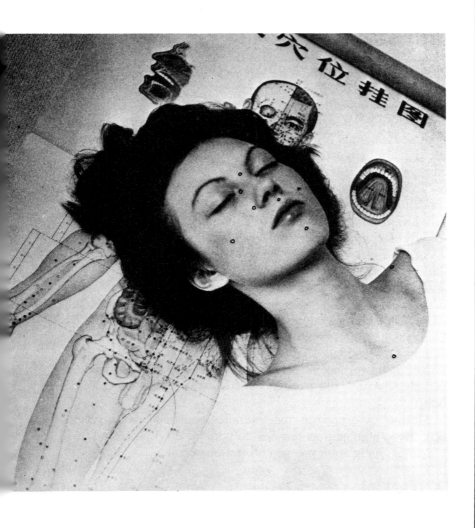

Associando factos reais à sua própria experiência, conheça o seu corpo. A massagem em pontos de acupunctura deve ser praticada em si mesma, com a ajuda de movimentos precisos, para ser compreendida e sentida. Para relaxar as crispações do seu rosto, massage os pontos aqui indicados.

ção respiratória é uma das causas directas da incapacidade de concentração. A nevrose, o nervosismo de que sofre a maior parte dos nossos contemporâneos, deve-se igualmente a esse facto. Respiração reduzida ao mínimo = concentração e eficácia mínimas, tensão máxima. Uma respiração imperfeita torna-nos ansiosos, instáveis e bloqueia a harmonia e a satisfação nas relações sexuais e humanas. Uma pessoa que sabe respirar plena e profundamente abre-se para o prazer e para a alegria: respira a vida. Daí o símbolo publicitário do fumador, que é o Homem. De facto, cada inspiração de fumo dá-lhe a impressão de inalar ar e activar os movimentos respiratórios. O cigarro é o substituto que lhe permite ultrapassar os seus bloqueamentos, angústias e tensões; mas, infelizmente para ele, o tabaco é um veneno. Alguns movimentos respiratórios simples seriam o suficiente para lhe dar um bem-estar sensível, pois toda a respiração profunda carrega o corpo de energia.

O Dr. Alexander Lowen diz que a respiração é "a pulsação fundamental de todo o corpo"[1]. Há quatro mil anos, os Hindus já falavam do *prana*, e dele fizeram uma ciência, o *pranayama*, ou arte de, através da respiração, extrair a energia do ar.

Saber respirar abre as "portas da percepção" de que falava Aldous Huxley.

O corpo não deve ser utilizado como um instrumento secundário. Senão, revoltar-se-á mais tarde ou mais cedo, de uma maneira ou de outra. Pode dizer-se que o denominador comum das condutas nevróticas é a diminuição, no indivíduo, do sentido da sua própria realidade. Trata-se portanto de lha devolver. Desenvolver a sua verdadeira personalidade e não o seu fantasma. Saber abandonar a sua máscara, encontrar o seu rosto. O verdadeiro.

Mesmo os exercícios mais simples podem ajudar-nos nesse objectivo, anulando as tensões do corpo e do espírito: por essa via, a essência sobrepõe-se enfim à aparência.

MARC DE SMEDT

---

[1] *Le Plaisir*, Ed. Tchou.

INTRODUÇÃO

Esta obra tem por objectivo tornar acessíveis a todos as técnicas que permitem manter, no dia-a-dia, um bom equilíbrio energético: desanuviamento mental, relaxe físico e calma emocional.

Há quatro anos que ensino em França e nos Estados Unidos, praticando diariamente os exercícios apresentados neste livro. Trata-se de exercícios de base, para um trabalho individual ou em grupo. Tenho constatado que se adaptam a qualquer género de vida, a qualquer idade e a qualquer actividade profissional. Se já pratica o ioga, o zen ou qualquer outro exercício corporal, eles serão um complemento da sua experiência.

Aprendi grande parte destes exercícios em Nova Iorque, no Instituto Arica, fundado por Oscar Ichazo. Alguns derivam também da prática das Artes Marciais, do Tai Chi, do Ioga, das massagens e do trabalho de grupo.

A primeira coisa que podemos dizer da vida quotidiana é que ela se nos apresenta como uma tarefa sem fim, apenas interrompida pelas ideias de repouso, de férias e de relaxe. Raramente olhamos a vida como um prazer, como uma aventura fascinante. Perdemos a curiosidade da infância. No fundo, vemos apenas inquietações e deveres na nossa existência.

Este livro apresenta a minha maneira de, pela prática destes exercícios, reagir às tensões e problemas quotidianos.

Não somos regidos pela realidade que nos cerca mas sim pela imagem que dela fazemos.

Se falarmos em termos de energia, podemos dizer que perdemos assim muito mais do que recebemos.

O resultado deste processo é a fadiga, são as emoções negativas, as constantes lucubrações mentais, as compensações materiais.

Uma lei natural, comum a todos os sistemas, pretende que a energia se manifeste de dois modos: que a recebamos e que a percamos.

Os exercícios que se seguem têm por objectivo ensinar a executar gestos que nos *dão* energia, para assim sentirmos a vida como um processo de enriquecimento. Os benefícios que daí iremos tirar contrabalançarão as perdas inevitáveis de energia vital. Em vez de considerarmos a nossa existência laboriosa de modo inferior, devemos desenvolver, como seres humanos, as nossas potencialidades de modo a, perante cada situação, dispormos simultaneamente das nossas forças físicas, emocionais e mentais.

Trata-se simples e honestamente de descobrir o nosso género de equilíbrio particular: tomar consciência dos acontecimentos e momentos em que perdemos e ganhamos energia, e de que modo isso acontece.

É necessário que saibamos distinguir em nós mesmos as visões da realidade e sentimentos que nos deprimem e nos preocupam.

Este trabalho sobre si mesmo compete-lhe a si; sobretudo, não julgue este ou aquele facto da sua vida segundo uma perspectiva moralizadora, no sentido do bem ou do mal; considere-o antes de modo objectivo, como uma manifestação da sua energia.

O despertar desta lucidez constitui o primeiro passo para a clarificação dos seus problemas.

Porquê? Porque a característica de todos os problemas que nos preocupam é manterem-se vagos, indistintos, confusos. O processo do seu despertar consiste em clarificá-los e simplificá-los, o que não significa generalizá-los, mas sim verificar quais os seus reais componentes e manifestações. Diferenciar os verdadeiros elementos do problema de todo este espectáculo que fazemos à sua volta.

Neste trabalho de investigação é necessário que mantenha o seu sentido de humor: este não irá afectar a seriedade do seu empreendimento, mas remetê-lo-á ao seu verdadeiro nível, não o tornando uma coisa austera.

Pouco a pouco, verificará que os momentos em que perde energia são vencidos inconscientemente, ao passo que o processo de aumento de potencialidades energéticas passa sempre por uma acção consciente.

COMO DEVE UTILIZAR
ESTE LIVRO

Observe bem as imagens.

Leia atentamente as indicações.

Tente executar os movimentos descritos um a um, para assim sentir o gesto descrito na imagem.

Escolha um momento calmo e tranquilo: cinco, dez minutos, um quarto de hora, meia hora, uma hora mesmo, para começar a praticar estes exercícios.

Devem ser executados com graça e agilidade, num estado de relaxe.

Esqueça os seus problemas do dia-a-dia.

Tente viver intensamente o que executa.

Tome consciência de que se está a abrir para a sua evolução interior.

Com alegria.

MODOS DE APRENDER

Como se processa a aprendizagem?
De quatro modos:

Pela imitação
Pelas experiências negativas
Pela informação factual
Pelas experiências positivas.

A IMITAÇÃO

A criança inicia assim a sua aprendizagem. Vê coisas exteriores a ela própria que lhe interessam, lhe agradam. Seduzida, deseja imitar, possuir esses modos de agir, e tudo fará para o conseguir. Utilizará, instintivamente, o modo de aprendizagem mais simples: a imitação e a repetição.

O objectivo da criança é imediato, emocional e lúdico: visa a sua satisfação própria.

Pelo contrário, o problema nos adultos deriva do facto de estes terem objectivos de longo alcance e de começarem por seguir as imagens mentais de si próprios. Na maior parte das vezes, são guiados por uma necessidade interior que surgiu como uma interpretação ideal da felicidade, e não por uma sensação intuitiva e física desta felicidade.

O procedimento habitual da maior parte das pessoas consiste em seguir os esquemas que lhes parecem poder vir a ter êxito na sociedade, ao nível do dinheiro, do poder, da sexualidade. A imitação de comportamentos estereotipados daqueles que invejamos originará que, pouco a pouco, as verdadeiras necessidades fundamentais que se encontram em nós sejam destruídas.

Levanta-se, portanto, a questão de saber em que momento agimos de acordo com a nossa imagem ideal e em que momento agimos de acordo com a nossa evolução interior e as nossas reais possibilidades.

As ilustrações deste livro representam a minha própria interpretação da saúde e da beleza. Talvez a sua venha a ser diferente. Confie, no entanto, nestas imagens ideais, sinta-as e, enquanto efectua estes exercícios, tente sentir a sua vibração benéfica.

AS EXPERIÊNCIAS NEGATIVAS

O medo.

O medo origina a experiência negativa. Esta, marca-nos muito mais que qualquer outra.

Castaneda [1] escrevia com razão que o medo é o principal inimigo do conhecimento.

Frequentemente nos sentimos culpados por não sermos o que desejaríamos, por não correspondermos ao nosso ideal. Temos vergonha e raiva de nós mesmos por nos sentirmos tão fracos, negligentes, inactivos, incapazes de nos controlarmos verdadeiramente. Esperamos ter possibilidades de virmos a ser melhores, mais fortes, mais felizes, mas como, no fundo, temos medo de sermos nós mesmos, não avançamos.

Uma vez não ultrapassado, este medo transforma-se em culpas e violências contra nós mesmos. E contra os outros. Não queremos enfrentar-nos a nós mesmos e evadimo-nos. O que provoca frustrações, bloqueamentos psicossomáticos, intenções não concretizadas, hipocrisia, cinismo e infelicidade.

A violência desencadeia a violência. Provoca também a secreção da adrenalina, que consome a nossa energia vital. Um arco não deve ser sempre esticado; senão, deixa de ser um arco.

O ser interior é sempre mais forte que o ser exterior, a máscara: sempre foi assim e será sempre assim. Se recalcar constantemente as suas reais necessidades, acabará por ficar doente, de um modo ou de outro.

Se tiver consciência disso, sentirá um profundo desejo de equilíbrio, de paz e de claridade.

O ser humano é o único animal que toma tão lentamente conhecimento do seu lugar no mundo. Portador de grande capacidade de consciência, se souber reconhecer o seu processo evolutivo descobrirá que é delicado e tem necessidade de amor e de verdade.

Se, pelo contrário, continuar a viver segundo comportamentos baseados na angústia e no desgosto, vê-se então obrigado a despender quantidades inacreditáveis de energia para se manter e experimentar o prazer de resultados banais, efémeros e vãos.

A INFORMAÇÃO FACTUAL

A visão que extraímos dos factos da nossa vida quotidiana é sempre deformada: na verdade interpretamos constantemente a realidade segundo os nossos ideais e não de um modo simplesmente concreto. O elemento e a acção: eis a única realidade palpável. Infelizmente subjugamo-nos às nossas teorias, em relação a tudo e não importa o quê. Estas teorias são por vezes atraentes mas sempre irreais.

O seu comportamento físico pode ser interpretado de muitas maneiras: você permanece a única pessoa que pode saber o que verdadeiramente se passa consigo.

As respostas às suas perguntas encontram-se em si própria, mas não lhe será possível conhecê-las se não reduzir a realidade circundante apenas aos acontecimentos factuais, sem crenças, juízos e esperanças.

Os exercícios que se seguem são, em si, simplesmente factuais: antes de mais, é necessário que os execute tecnicamente, com todo o seu corpo e não com o seu espírito.

Então, por si sós, eles a esclarecerão.

AS EXPERIÊNCIAS POSITIVAS

O nosso condicionamento leva-nos a aceitar mais facilmente a tensão e os momentos difíceis que a felicidade, a saúde, o descanso.

Os momentos de felicidade, os que nos dão a alegria de existir, o prazer de gozar o instante, são breves, quase espasmódicos, e ficam gravados na nossa recordação como momentos de graça.

Um dia, o mestre Zen recebeu um discípulo que lhe perguntou: "Mestre, que devo fazer para me libertar?"

E o mestre respondeu-lhe: "Mas quem te prendeu?"

Neste preciso momento, o discípulo compreendeu a condição normal do espírito (*satori*) e despertou para a realidade. Nua e simples.

Na verdade, somos sempre nós que nos acorrentamos. Quando nos damos conta disso, até os acontecimentos e momentos difíceis são vencidos, como experiências positivas que nos dão acesso a alguma sabedoria.

---

[1] Que relata a sua iniciação seguindo os ensinamentos dum feiticeiro Jaqui, Don Juan: ver Voyage à Ixtlan, Histoires de pouvoir, Ed. Gallimard.

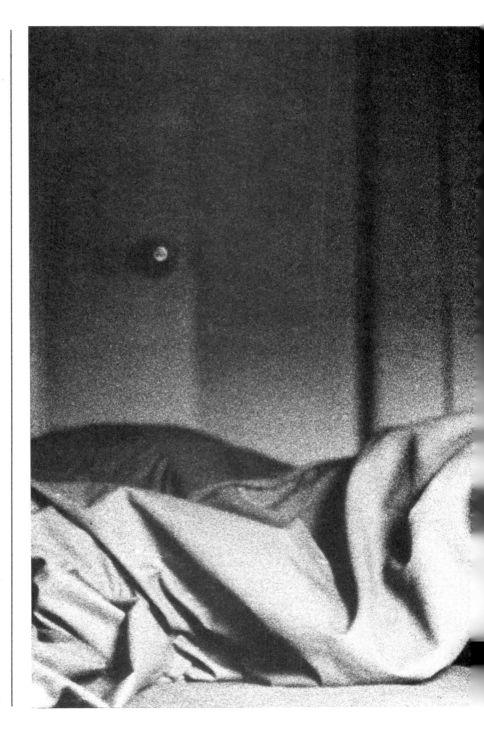

O DESPERTAR

Uma criança que goze de boa saúde acorda cheia de entusiasmo. Está ansiosa pelo dia que surge.

Porquê?

O seu organismo tem menos toxinas, fadiga e tensões físicas.

Ela não sonha nem acorda com a cabeça cheia de pensamentos, porque o seu espírito se encontra ainda liberto.

Para adquirir esta frescura, aqui estão alguns exercícios que devem ser executados ao levantar: eles permitem começar o dia com sensações que nos dão consciência do ser físico que somos.

Toda a circulação sanguínea melhorará e serão dissipadas as tensões físicas da noite.

Ponha portanto de lado os seus pensamentos e ocupe-se deles mais tarde, depois dos exercícios.

O DUCHE
DEBAIXO DOS LENÇÓIS

Este exercício deve ser feito ao acordar.
Deverá colocar de véspera um recipiente de água fresca junto dá cama; embeba nela um pedaço de algodão ou uma luva de *toilette*.

Ainda debaixo dos lençóis, comece por passar a luva ou o algodão (bem humedecidos) sobre todo o corpo, principiando pelos pés e terminando na nuca.

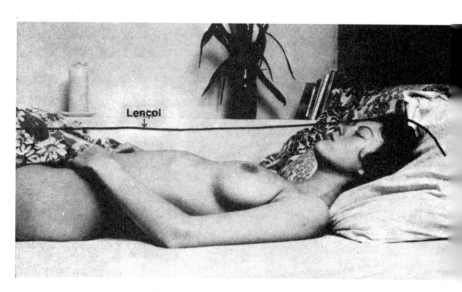

Depois de ter humidificado todo o corpo, fique debaixo dos lençóis durante cinco minutos. Sentir-se-á despertar por este contacto fresco que deleita docemente a sua pele: uma sensação muito agradável para iniciar o dia.

O DUCHE

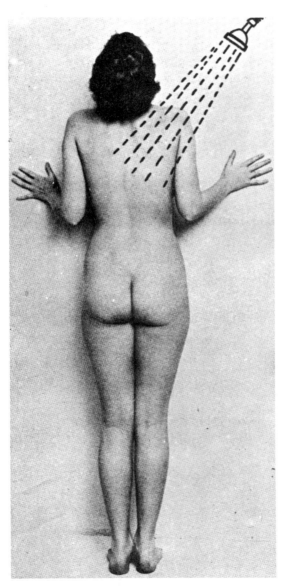

Comece com água quente, e seguidamente banhe todo o corpo, parte por parte, com água fria.

AS FRICÇÕES

Depois de se ter lavado, ou de ter tomado duche, pode fazer fricções enérgicas com diversas essências de plantas que têm efeitos específicos e libertam agradável aroma.

Assim, o pinheiro é bom para os brônquios, a alfazema para a tensão nervosa e muscular, o limão para a tonicidade do estado geral e o eucalipto para as vias respiratórias. Pode também utilizar estas essências ingerindo-as: três a quatro gotas com açúcar serão eficazes para micróbios e miasmas.

Lave os dentes com dentífricos naturais, de argila, de limão e de algas marinhas. O mesmo quanto ao sabonete.

Todos estes produtos se encontram em estabelecimentos de produtos dietéticos, a preços relativamente moderados.

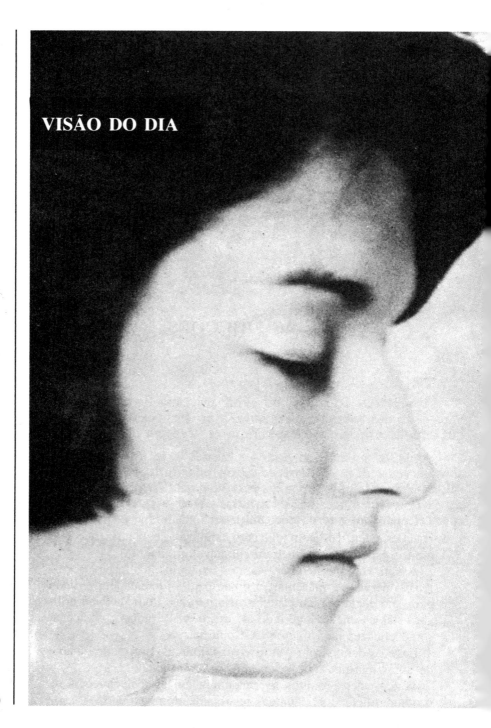

Depois destas abluções e antes do pequeno-almoço, instale-se num sítio tranquilo durante cinco minutos. Feche os olhos, mantenha as costas direitas, respire calmamente, amplamente, sinta o estado da sua energia nesse dia.

Imagine o seu dia e todas as suas actividades como um filme em que fosse actriz. Observe o estado emocional da actriz (você mesma) e deseje-lhe um bom dia. Se o estado emocional estiver bloqueado, tente clarificar os bloqueamentos.

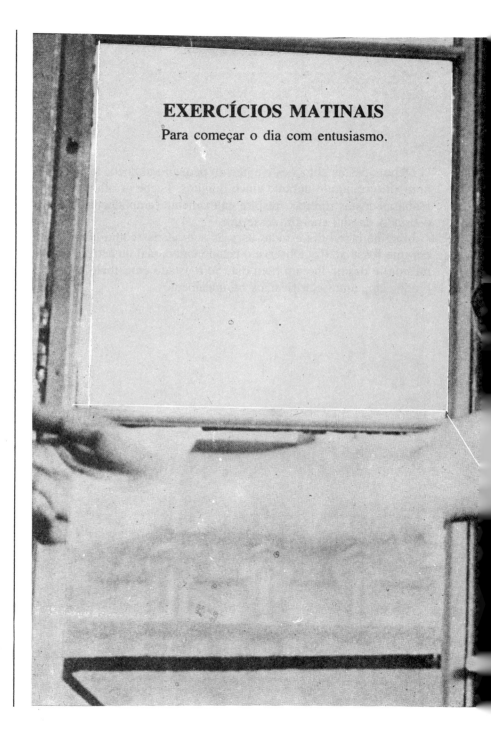

EXERCÍCIOS MATINAIS
Para começar o dia com entusiasmo.

Os exercícios que proponho aqui são movimentos de ginástica e de ioga. [1]

Uma corrente actual tende a denegrir a ginástica tradicional: creio não se tornar necessário ser anti ou contra o que quer que seja, mas antes ser a favor do que a seduz e ache bom para o seu corpo.

A vantagem dos movimentos que se seguem deriva do facto de serem uma síntese de gestos milenários que fazem trabalhar todas as partes do nosso corpo: o seu objectivo não é fortificar a musculatura mas sim desenvolver uma agilidade inata. Esta permitirá que a energia circule livremente através do seu organismo, sem se fixar.

O mais importante é que execute estes movimentos descontraidamente, concentrando-se sobretudo na respiração. Deixe a respiração executar os movimentos.

É essencial que não force estes movimentos (como temos tendência a fazer no caso de uma ginástica vulgar), mas que esteja descontraída e à vontade.

Tente seguir as indicações com precisão. Respeite o seu corpo, o seu processo de acção; não se julgue nem compare com um modelo ideal, mas sinta simplesmente os resultados. Faça-o em

---

[1] Que aprendi no Instituto Arica sob o nome de "psicocalistenia", termo que significa que a respiração une a psique ao corpo. Pratico-os todas as manhãs e sinto-me cada vez melhor.

plenitude, para seu prazer. Ocupe o seu tempo. Pode também executar estes exercícios com música (acompanhados pelo seu ritmo preferido).

Normalmente, basta dispor de vinte minutos para os praticar. Mas, se tem pouco tempo, escolha o exercício de que sente necessidade e execute-o completa e tranquilamente. Prepare um despertador e não se preocupe mais com o tempo, esqueça-o, concentre-se completamente nos seus movimentos, ainda que sejam apenas cinco minutos.

Comece por executar esta série numa altura em que não se encontre deprimida: no fim-de-semana, por exemplo. Seguidamente, integre-a lentamente na sua vida quotidiana, se possível.

Esta prática fará desabrochar em si um profundo sentimento de alegria natural e de bem-estar.

RESPIRAÇÃO
DE RECEPTIVIDADE

Este movimento geral é contínuo, havendo apenas um tempo de paragem, chamado "posição de receptividade". Deve executá-lo ao seu próprio ritmo.

1. Inspire pelo nariz e expire pela boca. Não imobilize rigidamente as articulações dos joelhos. Execute os movimentos indicados nas fotos e conserve-se descontraída. Faça o exercício durante cinco minutos.

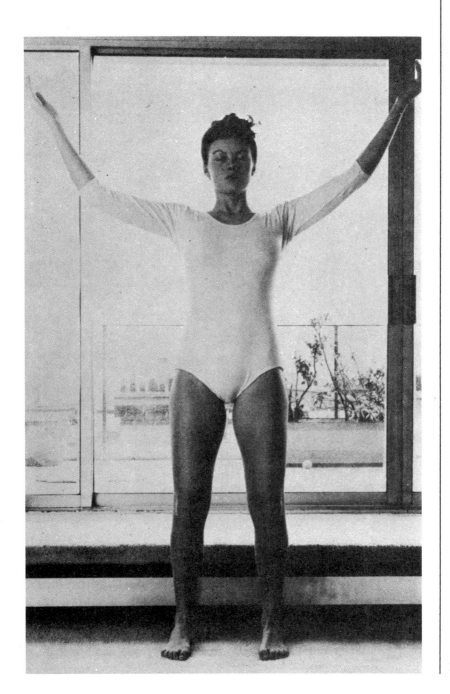

2. Coloque os pés paralelos e ligeiramente afastados. Deixe cair o tronco à frente, com total descontracção.

3. Cruze os braços inspirando simplesmente pelo nariz e comece a elevar a parte superior do corpo, partindo da parte inferior das costas e não dos ombros, que acompanham o movimento.

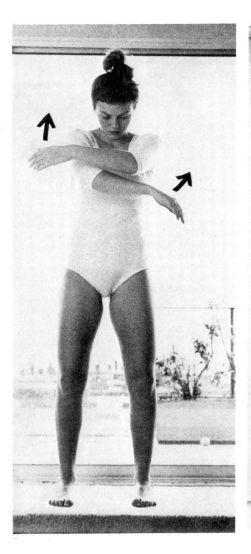 

4.5. Continue assim até cruzar os braços por cima da cabeça, sempre durante a inspiração.

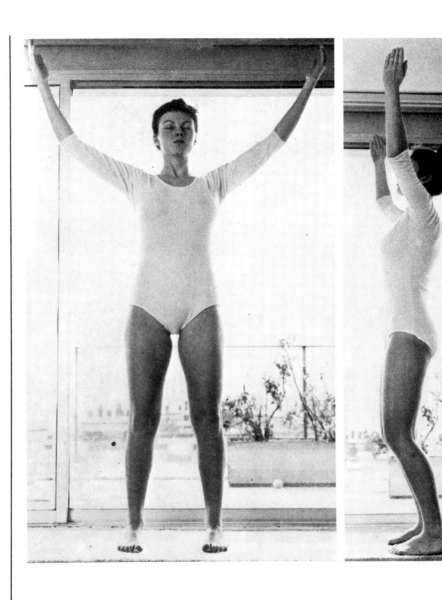

6.7. Chega assim à posição de receptividade. Os braços acabaram de se cruzar e abrem-se para cima como se segurassem um grande balão. Os cotovelos levemente arqueados e as palmas da mão viradas uma para a outra. Joelhos ligeiramente flectidos, como na foto de perfil. Este momento coincide com o final da inspiração. Retenha a respiração por um instante.

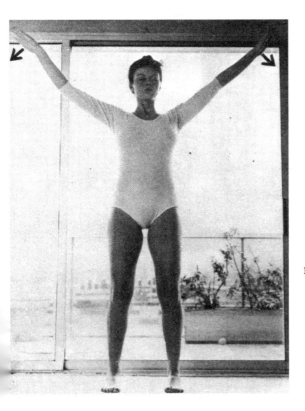

8. Enquanto retém a respiração, volte as mãos para fora.

9. Comece a expirar pela boca e volte a curvar-se lentamente para o solo.

10. Continue a descer deixando o corpo cair lentamente para o solo, braços afastados e flexíveis. O movimento parte sempre da parte inferior das costas e não dos ombros, e prossegue durante a expiração.

11. Chegada ao solo: as mãos não lhe tocam, o corpo está relaxado, os joelhos dobrados e acabou a expiração. Não marque o tempo de chegada, e inicie todo o movimento com uma nova inspiração pelo nariz. Repita este movimento durante cinco minutos.

AH-FU

Eis um exercício baseado na combinação do som e da respiração. Deve executá-lo sentada, olhos fechados, costas direitas e corpo relaxado.

Comece por inspirar abrindo a boca e a garganta e modulando o som *aaaahh* durante a inspiração. Faça-o sem grande esforço.

Seguidamente, durante a expiração, pronuncie o som *ffuuuu,* que acompanha o movimento respiratório até ao fim. A tonalidade deve manter-se no mesmo comprimento de onda, ligeira, suave, sem esforço.

Evite exagerar o som, que acompanhará apenas a respiração.

Deve repetir-se este exercício durante cinco minutos.

Pode alternar a respiração de receptividade e o ah-fu durante meia hora. A minha experiência permite-me afirmar que esta série acalma a emotividade e permite a concentração. Pode ser executada à parte ou antes da ginástica, mas nunca depois dos movimentos que se seguem.

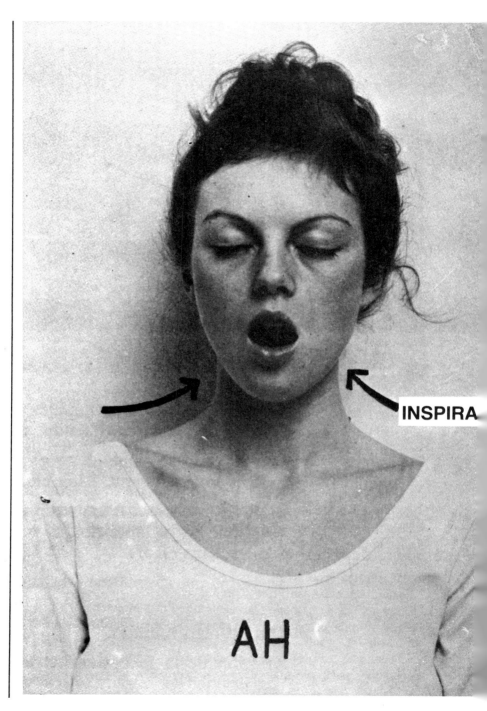

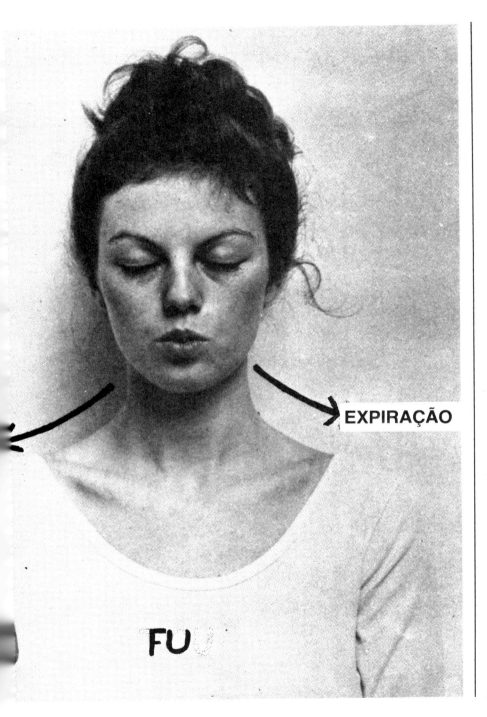

RESPIRAÇÃO DE INTEGRAÇÃO

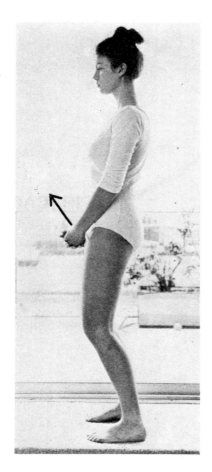

Começa-se e acaba-se a série de movimentos seguinte com este exercício, repetido três vezes. Também se pode intercalar cada movimento com esta respiração. Efectua-se então apenas uma vez.

Pés paralelos (ligeiramente afastados), joelhos flexíveis; inspirando pelo nariz, erga os braços, mãos entrecruzadas, e leve-as até à parte posterior da nuca.

Suspenda a inspiração, aperte as palmas das mãos uma contra a outra, sinta abrir a caixa torácica.

Execute o movimento ao contrário, durante a expiração.

Repita-o três vezes.

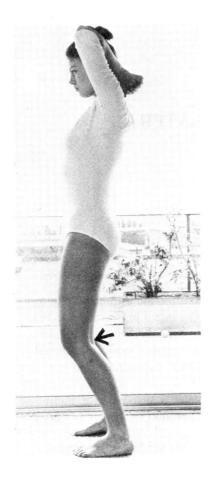
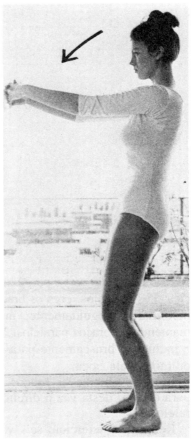

EXTENSÃO LATERAL

Este exercício serve para dar flexibilidade a toda a caixa torácica. Pés paralelos, erga os braços durante a inspiração, efectuada pelo nariz. Seguidamente, incline-se sobre o lado esquerdo, mantendo os braços paralelos. Volte depois à posição intermédia, e incline-se bruscamente para a frente, expirando todo o ar dos pulmões pela boca.

Erga novamente os braços durante a inspiração e incline-se para o lado, desta vez o direito, mantendo os braços sempre paralelos.

Repita este exercício seis vezes (esquerda-centro-direita).

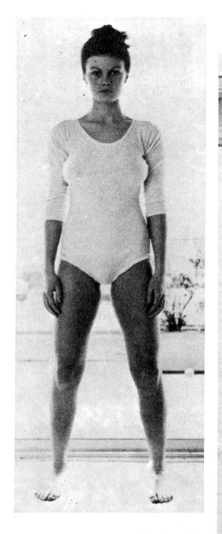

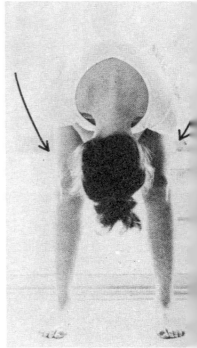

A GARÇA-REAL

Para dar flexibilidade às costas e à parte posterior das pernas: durante a inspiração deixe cair a parte superior do corpo, solta, braços à frente, de modo a tocar o solo a 20 cm de distância dos pés. Nesse momento a cabeça deve manter-se oscilante.

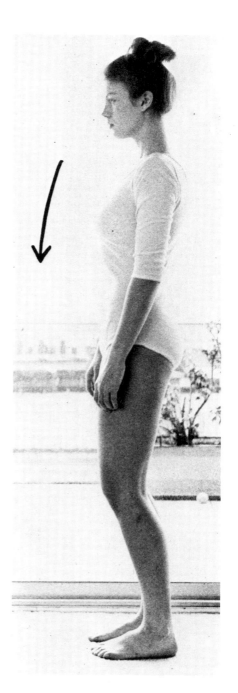

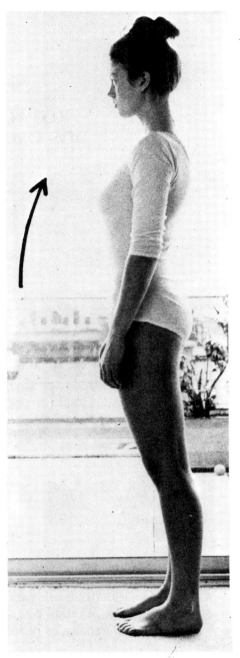

Enquanto expira, levante-
-se lentamente, até voltar
à posição direita.
Repita o exercício seis
vezes.

ROTAÇÃO
DOS OMBROS

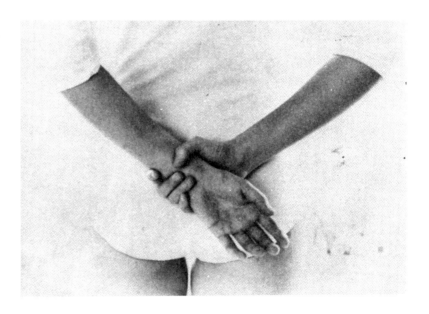

Punho esquerdo na mão direita, atrás das costas; inspire enquanto executa um movimento de rotação dos ombros para trás. À terceira rotação deixe cair para diante o pescoço e os ombros e expire pela boca. O resto do corpo deve manter-se direito.

Este exercício trabalha os peitorais e os trapézios; deve repeti-lo seis vezes.

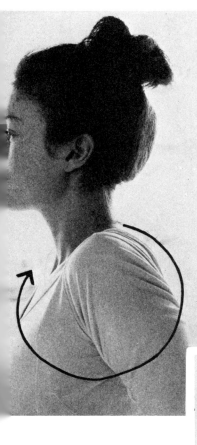
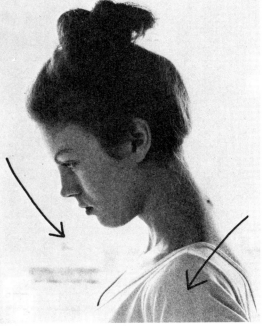

ROTAÇÃO DOS BRAÇOS

Pés paralelos (um pouco mais afastados); mãos nas coxas.

Erga os braços em cruz mantendo os cotovelos flexíveis. Descreva seis círculos para o interior com os braços, acompanhados de seis inspirações curtas e sucessivas.
À sexta inspiração, pare e execute seis círculos no outro sentido.
Repita-o seis vezes.

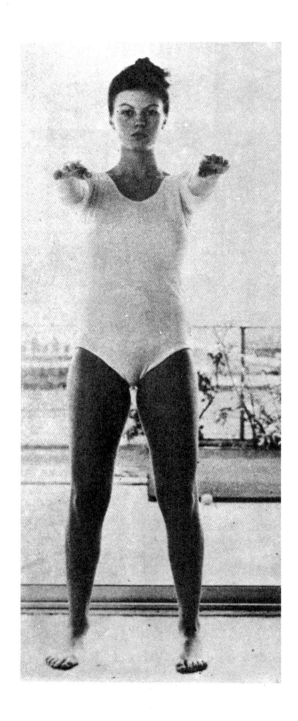

A FOICE

Com os pés sempre paralelos, erga os braços à altura dos ombros.

Inspire e efectue uma rotação do corpo para o lado esquerdo, dobrando ligeiramente os joelhos. Volte à posição inicial e expire. Seguidamente repita o movimento para a direita, inspirando.

Tente voltar a cabeça e o peito o mais para trás possível; os braços devem manter-se paralelos.

Repita este exercício seis vezes, pois dá flexibilidade à coluna vertebral.

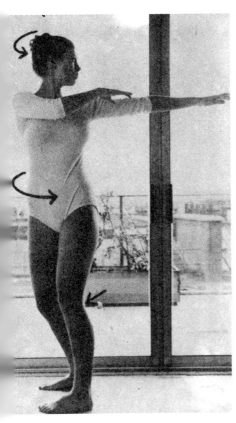

CÍRCULOS COM A CABEÇA

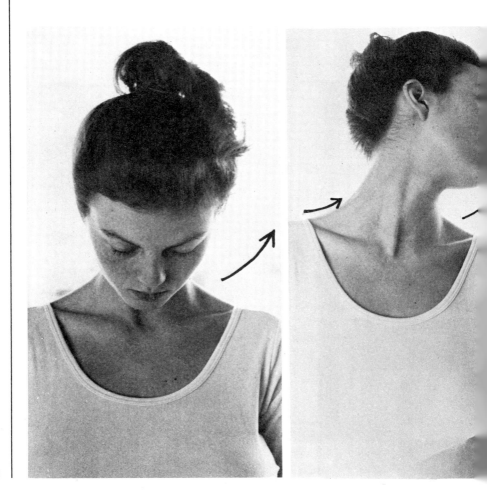

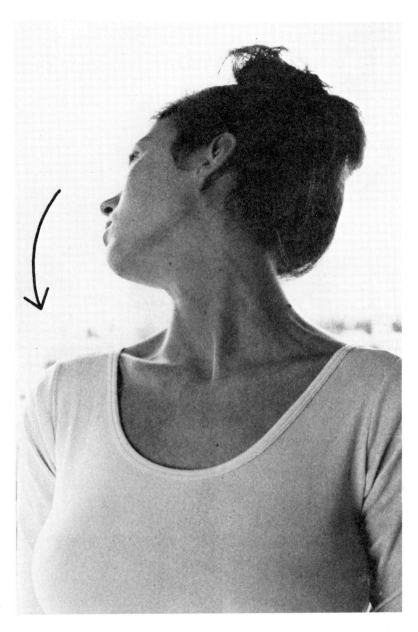

Mantenha a cabeça oscilante. Na inspiração, volte a cabeça para a esquerda e para trás; na expiração, volte-a para a direita e para trás. Alterne, começando seis vezes à esquerda e seguidamente seis vezes à direita.

O CAMELO

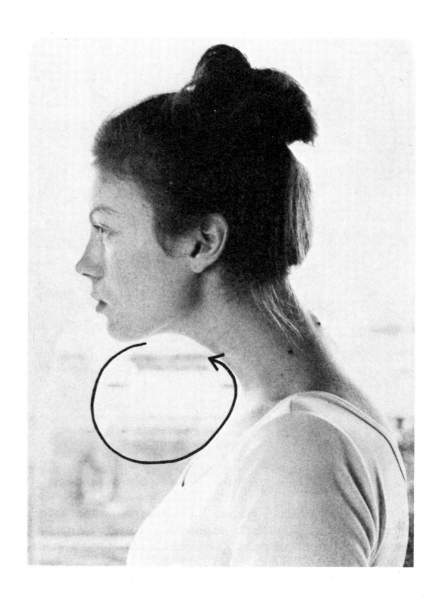

Descreva círculos com o queixo.

Sob expiração, o queixo avança; sob inspiração, a nuca endireita-se.

Os ombros não se mexem.

Este exercício, que deve ser repetido seis vezes, dá flexibilidade à nuca e à parte superior da coluna vertebral.

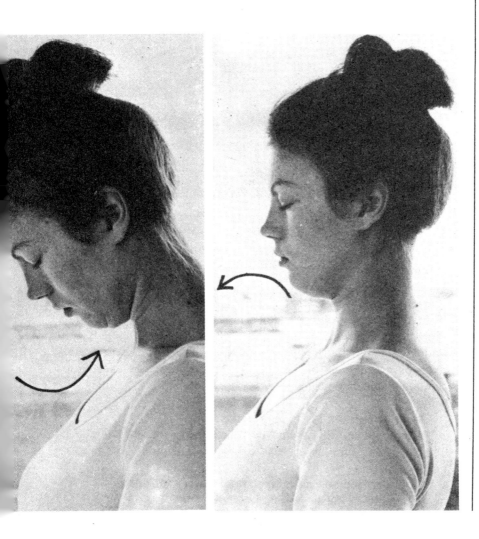

A VELA
E A CHARRUA

Eis dois exercícios clássicos do ioga que dão flexibilidade à coluna vertebral e desanuviam a mente.

As posições parecem complicadas. Mas, se tentar executá-las, verá que estes exercícios são acessíveis a todos. Nunca deve forçar, mas antes interromper o movimento logo que sinta uma dor, mesmo ligeira. É necessário que o movimento seja executado com suavidade; senão, é sinal da existência de bloqueamentos emocionais ou físicos. Tente até conseguir executá-los lenta e naturalmente.

Volte a executá-los todos os dias.

Mantenha-se em posição de relaxamento total, estendida no chão, costas direitas, pernas e braços estendidos ao longo do corpo.

Dobre os joelhos na direcção do corpo.

Mantenha-se nesta posição.

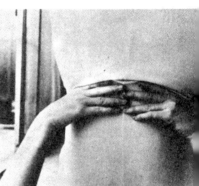

Apoie-se nas coxas e, com a ajuda das mãos, erga a parte posterior do corpo e as costas até atingirem a posição vertical. A cintura deve ser assim sustida pelas mãos. Dobre as pernas na direcção da cabeça e mantenha-se assim.

Quanto mais perto dos ombros as mãos estiverem, mais direita consegue estar.

Tente colocar lentamente as pernas na vertical. É importante conseguir este movimento sem fazer esforço. É uma questão de agilidade e equilíbrio.

Mantenha-se nesta posição e efectue dez expirações e inspirações.

Chama-se «a vela» a este exercício.

77

Passe à charrua, exercício mais delicado.

Lentamente, tente descer os pés para o chão, mantendo as pernas direitas.

É mais importante que mantenha as pernas direitas do que tocar o chão. Se as dobrar, deverá suspender o exercício.

Solte as costas e coloque os braços paralelos, ao longo da cabeça.

Dobre os joelhos, relaxe-se e faça voltar o seu tronco lentamente para o solo. Este movimento deve ser executado sob expiração. Estenda as pernas no chão, uma junto à outra.

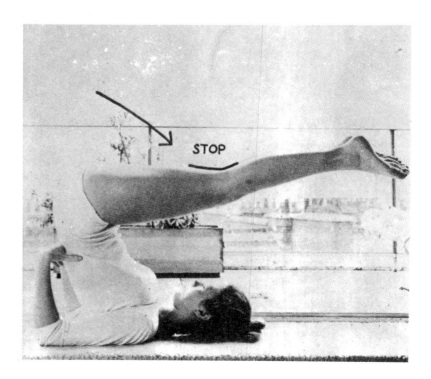

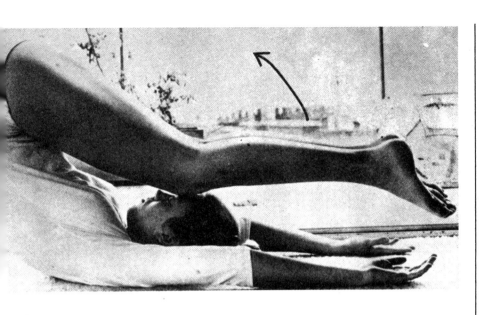

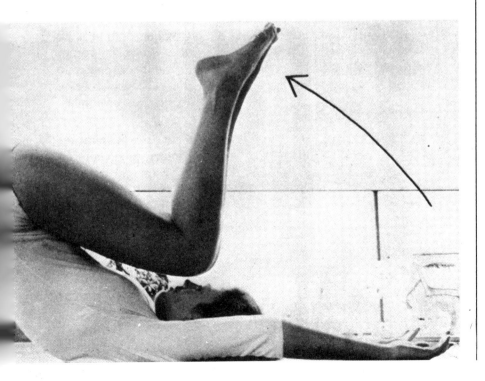

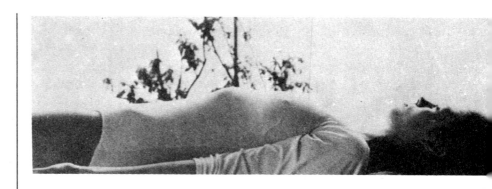

Coloque os braços ao longo do corpo.
Relaxe-se enquanto efectua seis inspirações e expirações profundas.
Levante-se.
Efectue três respirações de integração, como no princípio dos seus exercícios.
Está pronta para o seu dia de trabalho.

COMO EQUILIBRAR
A SUA ALIMENTAÇÃO

Conforme comer, assim será. A qualidade dos alimentos (tratados quimicamente ou produzidos biologicamente), a sua quantidade e a sua combinação determinarão o estado da sua saúde e do seu tónus físico.

Não existem leis fixas. Nada de fanatismo alimentar. Tome apenas consciência de que é necessário ''transformar'' — eliminar — o que ingere. Caso contrário, inicia-se a acumulação de gorduras e de toxinas. Coma portanto em função do seu tipo de actividade. Se, por exemplo, está sentada num escritório durante todo o dia, evite os hidratos de carbono e os açúcares. O seu organismo poderá, no entanto, assimilar estes mesmos elementos se lhe exigir um esforço físico intenso.

Uma alimentação completa, de alta qualidade nutritiva, é agradável na medida em que mata completamente a fome durante quatro ou cinco horas, pelo menos.

É certo que poderá ter uma festa de tempos a tempos... Mas a excepção confirma a regra. Apreciaria comer o bife ou o frango se os comesse todos os dias?

A sobriedade é um factor determinante para a saúde. O equilíbrio alimentar é outro. Depende do nosso conhecimento das combinações alimentares boas ou más.

Observe a sua disposição quando se levanta da mesa.

Se se sentir pesada e congestionada, se o seu rosto estiver

vermelho, se transpirar, se se sentir fatigada, ensonada, encontrará os sinais precursores da intoxicação alimentar. O seu sistema digestivo sobrecarregado não poderá assimilar tudo o que tiver comido. A sobrecarga ficará no organismo sob a forma de toxinas, de ácidos, de flatulências, e serão necessárias duas ou três horas para a digestão.

Se, pelo contrário, sair da mesa com uma impressão de satisfação, de leveza, de energia, é sinal de que comeu o necessário, sem excessos. Será necessária, quando muito, uma hora para a digestão.

Não se sentirá fatigada.

Eis algumas sugestões úteis:

1. Evite misturar as proteínas entre si: não tome necessariamente à mesma refeição carne, ovos, queijos.
2. Evite misturar as proteínas (carne, ovos, queijos) com os açúcares (mel, melaços, xaropes, bolos), e com as substâncias gordas (óleos, manteiga, nata).
3. Evite misturar as proteínas com os ácidos (limão, tomate, laranja, vinagre), e com os cereais.
4. Evite misturar os amidos, como o pão, cereais, massas, bolos, batatas, com os açúcares.
   Todas estas combinações produzem fermentações nocivas.
5. O leite deve beber-se de preferência simples e fora das refeições. O café e o chá com leite são indigestos.
6. Aos óleos comerciais vulgares, prefira os óleos virgens, fabricados ''por prensagem a frio, com menos de 5% de acidez''. Estes, conservam os seus elementos nutritivos e são mais facilmente assimiláveis.
7. Polvilhe as suas sopas, saladas, sobremesas, com leveduras em pó (vitamina B), ou germe de trigo (vitamina E), que poderá colocar na mesa em pequenos recipientes, ao lado do sal e da pimenta.
8. Evite os sumos de frutas durante as refeições. É preferível tomá-los antes ou após as refeições, ou substituí-los por sumos de legumes frescos, muito benéficos e cheios de vitaminas (couve para a circulação, cenouras para a pele e para os olhos, etc.)

Muitas vezes, comemos não tanto para nos alimentarmos como para compensar e esquecer as tensões do dia, as discussões, os problemas, para nos relaxarmos ingerindo tudo e não importa o quê. Esta desinibição é tão ilusória e efémera como o "rush" provocado pelo álcool. A verdadeira desinibição surge pouco a pouco com a prática constante dos exercícios deste livro, e pode ser mantida e prolongada por uma alimentação sã.

Eis algumas sugestões de ementas para aumentar a energia durante o dia:

— Pequeno-almoço: infusão de tomilho ou de mentol (tónicos) ou de alecrim (digestivo, bom para o fígado), à qual se junta o sumo de um limão, que purifica o fígado, chicória, chá ou café (de preferência sem açúcar nem leite), queijo branco misturado com pedaços de maçã crua, mel, canela, passas de uva, ou um *croissant* (sem manteiga ou compota).

— Almoço: uma sopa de legumes ou um alimento cru; uma carne com legumes ou um cereal com legumes; ou uma omoleta ou um peixe; fruta ou compota de maçã; infusões (ver acima).

— Jantar: se comeu carne ao almoço, evite comê-la à noite e prefira uma refeição ligeira à base de alimentos crus, queijo, pão; ou ainda uma sopa espessa com pão e manteiga, um iogurte com mel e frutas frescas, seguido de uma infusão relaxante de verbena, tília ou alfazema.

A arte de bem se alimentar completa a arte de bem viver em harmonia com o seu corpo.

NO ESCRITÓRIO

O trabalho provoca diversas tensões.
É por isso muito importante saber relaxar-se no escritório e eliminar essas tensões.
Para isso, proponho alguns exercícios muito simples: visam a sua "libertação" e a obtenção de um completo relaxamento para que a energia vital se recomponha.

Os exercícios que se seguem são massagens dos pontos de acupunctura que desbloqueiam as tensões e aclaram as ideias. Tente encontrar os pontos indicados nas imagens e, durante a expiração, pressione estas zonas com os dedos, efectuando movimentos rotativos no sentido dos ponteiros do relógio, durante dois minutos.
1. As fontes
2. O canto interno dos olhos.

Se comeu ou bebeu muito, pressione este ponto longamente, mesmo se, e sobretudo, se magoar, durante dois a três minutos. Efectue uma expiração longa. Diminua a pressão ao inspirar.

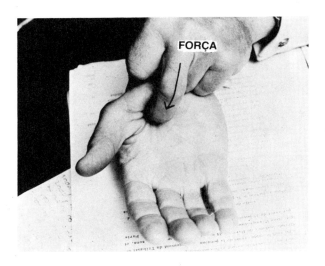

O objectivo deste exercício é descobrir as tensões com a ajuda da respiração.

Com as mãos no ventre, inspire e expire profundamente; sinta o ventre dilatar-se e contrair-se.

Coloque as mãos sobre as coxas ou sobre os braços de uma cadeira, mantendo a respiração abdominal durante cinco minutos.

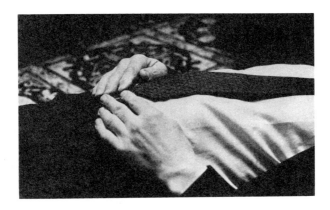

Se pode dispor de dez minutos, deite-se de costas, desaperte o cinto e o colarinho; coloque as mãos sobre o ventre e efectue a mesma série de inspirações-expirações.

Seguidamente, coloque os braços ao longo do corpo, palmas das mãos para cima. Mantenha a respiração abdominal e sinta que todas as tensões libertam o seu corpo e desaparecem. Recomponha-se. Levante-se e passe o resto do dia despreocupada, esclarecida e calmamente.

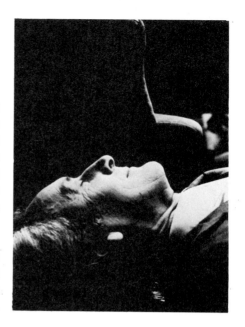

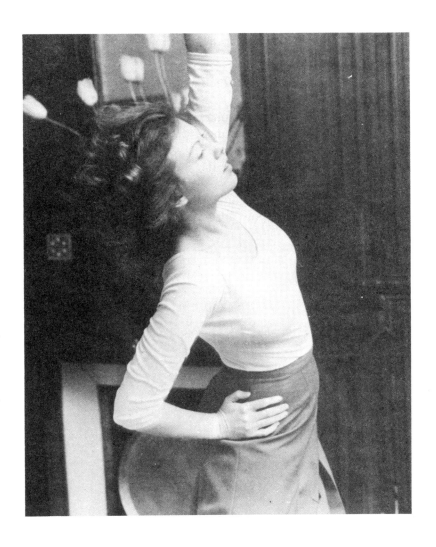

COMO SE REVITALIZAR

Trata-se de gestos simples que podem ser executados em qualquer parte.

Mantenha o corpo flexível: estes movimentos, inspirados em dansas africanas, visam distender os membros e parecem excelentes para aumentar a energia das pessoas que trabalham sentadas.

Cada movimento deve começar por ser executado oito vezes seguidas.

1. Com os braços cruzados, incline-se o mais possível para a frente e levante-se.
2. Com os braços em cruz, repita o mesmo gesto, oito vezes.
3. Com a mão esquerda na anca, distenda a parte direita do corpo.
4. Seguidamente a parte esquerda.
5. Com as duas mãos nas ancas, distenda todo o corpo para trás oito vezes. Repita de seguida esta mesma série, quatro vezes cada movimento, depois duas vezes cada movimento, e depois uma vez.

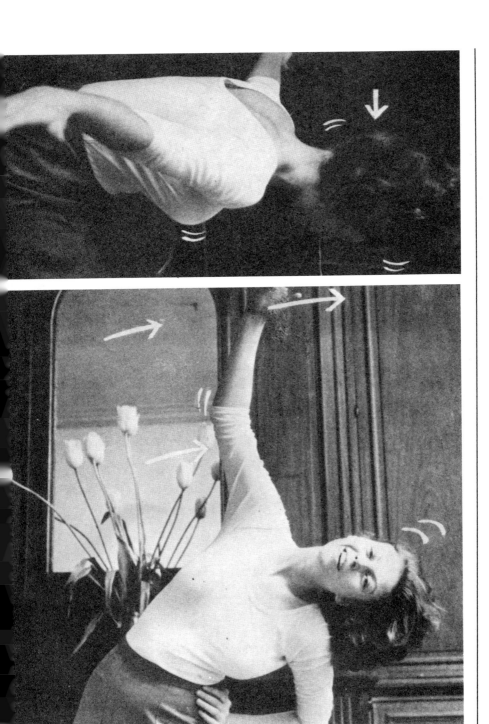

A DOIS

Exercício muito simples que distende o corpo e a coluna vertebral.
Entrelacem os braços.
Nesta posição, eleve o seu parceiro lentamente e utilizando o equilíbrio e não a força.
Seguidamente, troquem os papéis.

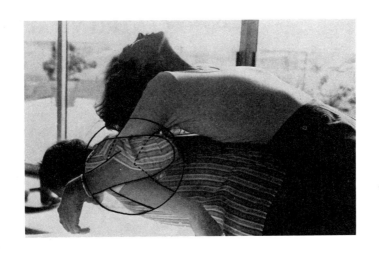

O CENTRO VITAL

Esta jovem está a efectuar o Tai-Chi: milhões de chineses praticam todas as manhãs esta arte marcial "doce" que visa essencialmente centrar o indivíduo no seu *hara*, que é o "oceano da energia", o centro de gravidade do ser humano.

O *hara* situa-se três dedos abaixo do umbigo, e todo o movimento natural do corpo parte deste ponto fundamental.

Gastamos muita energia nos gestos que efectuamos diariamente, que são desordenados e sem verdadeiro equilíbrio.

É necessário que tenha em conta a existência de um máximo de gestos, que se aperceba da sua fragilidade e que tente efectuá-los com economia, sem paixão nem tensão.

Centre-os no *hara* e tornar-se-ão harmoniosos. A respiração abdominal também a ajudará. Voltaremos a falar deste assunto mais adiante.

RELAXAÇÃO COM MÚSICA

Fim de tarde. O dia de trabalho terminou.

Seria bom que apreciasse e gozasse o seu serão.

Para isso, é necessário que elimine as suas tensões e as substitua por uma vibração interior.

O seu corpo é um instrumento sensível às ondas do ambiente. A sua pele é o órgão maior.

Uma música que a enleve...

Deve colocar-se a fonte musical junto à planta dos pés. A duração da sessão não deve ser superior a doze minutos ou um quarto de hora, para não a levar a adormecer.

Ponha-a bastante alto, o mais alto possível.

Estenda-se no chão, palmas das mãos para cima.

Com a ajuda da música, relaxe-se completamente e ganhe quatro horas de sono.

Escolha uma música sem palavras, de entre as suas preferidas.

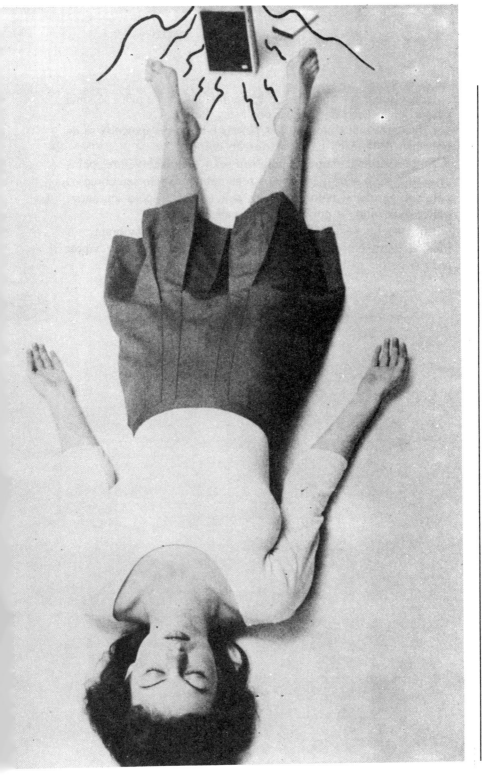

Concentre a sua atenção nas extremidades, pés e mãos, e sinta passar a vibração da música por estes membros.

Concentre a sua atenção nas pernas e braços e aperceba-se da presença da música nestas partes do corpo.

Sinta-a subir lentamente pelo seu sexo, pelo seu ventre, pelos seus rins, pelo seu fígado, pelos seus pulmões, pelo seu coração, pela sua garganta, pelo seu rosto, pela sua boca, pelo seu nariz, pelos seus olhos e por toda a sua cabeça.

Imagine que é um tubo de órgão, uma energia vibrante. A música entra pelos seus pés e sai pelo crânio, fazendo vibrar todo o corpo.

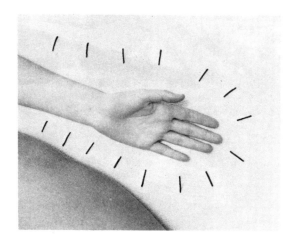

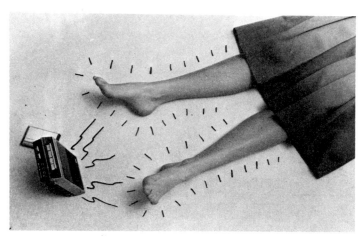

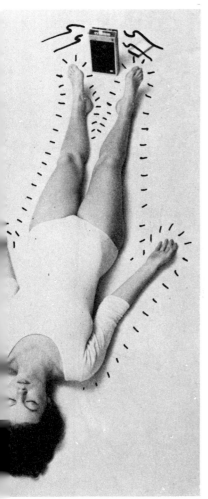
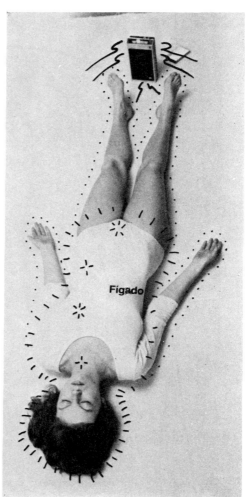

A música terminou, levante-se lentamente.
Está mais despreocupada e mais esclarecida, não é verdade?
Um ser humano pronto para a acção deve ter a cabeça leve, o coração aberto e o *hara* calmo.
Boa noite.

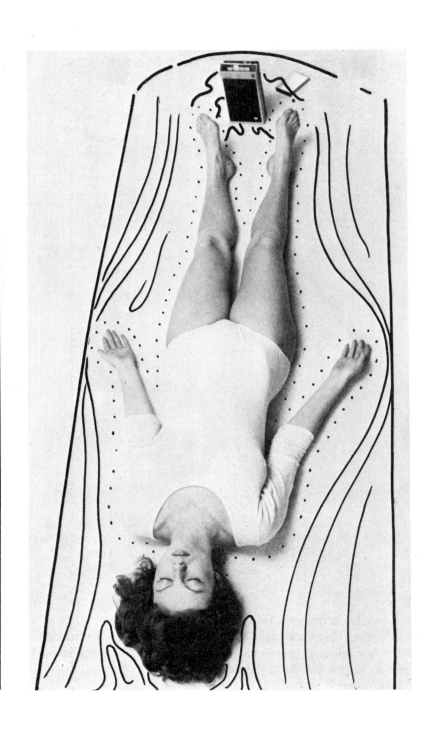

DORMIR MELHOR

Que é que a 'impede de dormir melhor?

Os seus pensamentos, a sua respiração bloqueada e o seu corpo tenso.

O problema deve-se ao facto de não poder parar quando o seu espírito e o seu sistema nervoso o desejam. As pulsões e os pensamentos desfilam, desordenados e frustrantes.

Mantém-se agitada inutilmente.

Todas essas vozes que a atormentam e a impedem de dormir têm necessidade de ser escutadas, de ser clarificadas.

É este o momento em que deve debruçar-se com desinteresse sobre o dia que passou. Considere os factos friamente e as suas emoções com ironia e sabedoria.

Abandone o seu ego. O seu egoísmo.

Analise-se calmamente.

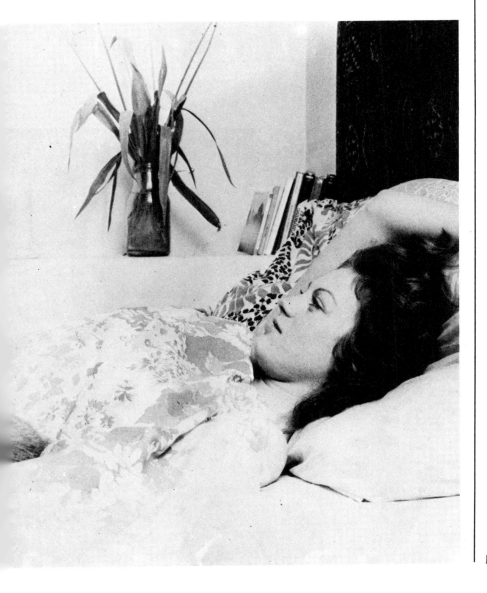

Por fim, para acalmar as tensões físicas e psíquicas, massaje os pontos do ombro e da nuca indicados. Descobri-los-á facilmente, são centros radiantes.

Pressione com força até sentir o ponto doloroso, e depois relaxe-se. Repita este gesto docemente, tantas vezes quantas desejar.

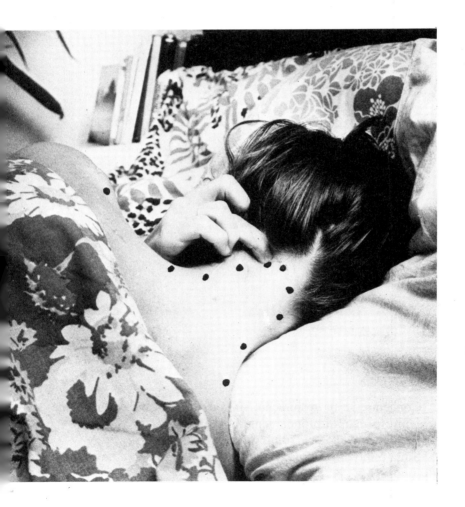

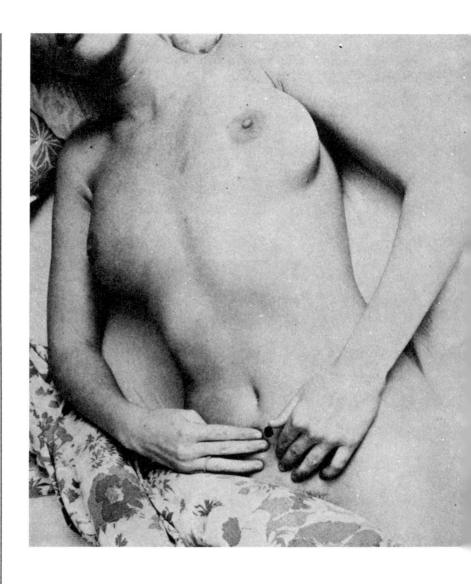

Concentre-se na respiração: sinta o *hara*. Inspire calmamente e expire o mais profundamente possível.
Lentamente, ao seu ritmo.
Sinta o movimento da respiração como um fluxo e um refluxo de ondas.

Esforçar-se por adormecer é uma actividade exigente; a única verdade neste domínio é que nos devemos abstrair. A calma chega sempre...

AS POSIÇÕES BÁSICAS

"Abrir o ventre" significa, antes de mais: desenvolver o centro de gravidade do nosso corpo, um ponto situado entre o umbigo e a púbis, denominado, segundo as tradições: "kath", "hara", "dan-tien", etc.

Este ponto é o nosso centro, o centro de difusão da nossa energia vital e o nosso centro de equilíbrio. É muito importante que saibamos tomar consciência deste ponto como é importante que saibamos *centrar-nos*. Uma pessoa consciente tem movimentos harmoniosos, um corpo equilibrado e bem assente na terra, não gasta a sua energia "perdendo consciência do seu centro", identificando-se com o que se passa à sua volta, mas, pelo contrário, toma consciência de si mesma e da sua situação interior e exterior, relativamente ao seu ambiente. Sabe que existe, porque sabe o que sente a cada instante; tem consciência do seu interior; sente o seu corpo ser percorrido pela energia que lhe fala.

Para que tomemos consciência deste centro e o possamos desenvolver, aqui estão alguns exercícios que podem ser executados em casa. O Tai-Chi ajuda-nos a desenvolver este centro através da execução destes movimentos, mas podemos também tomar consciência dele se respirarmos profundamente.

Antes de mais, devemos ajustar a posição do nosso corpo. É importante que mantenhamos as costas direitas.

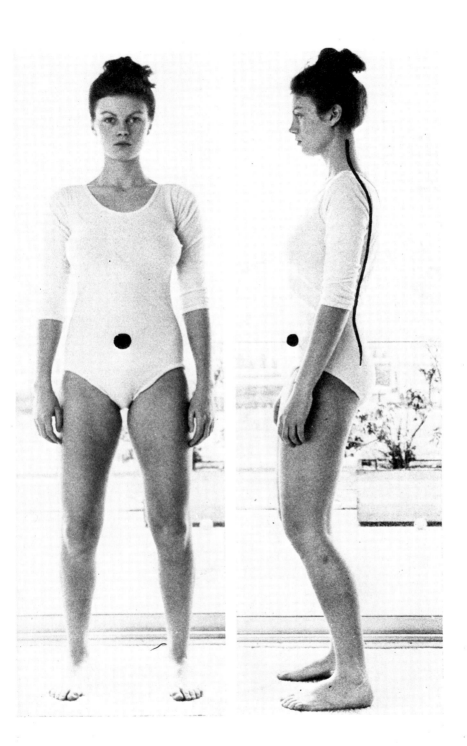

1. Sente-se junto à parede, costas bem direitas, pernas à frente, corpo relaxado.
2. Sente-se "à japonesa", sobre os calcanhares, pernas dobradas debaixo do corpo, costas direitas, corpo relaxado.

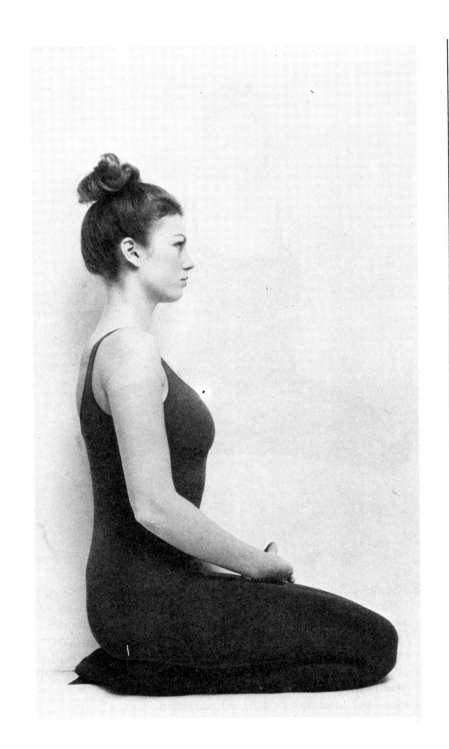

3. Sente-se sobre uma almofada bem acolchoada (os "zafus", almofadas japonesas redondas, utilizadas para a meditação, são excelentes). É necessário que o corpo esteja suficientemente elevado para os joelhos tocarem o chão, o que permite ter o ventre "aberto", livre e relaxado. Se os músculos das coxas estiverem tensos, eleve ainda mais o cóccix, juntando as coxas até que se sinta confortável e possa descer os joelhos, fazendo-os deslizar ligeiramente para a frente.

A RESPIRAÇÃO VENTRAL

1. Depois de ter encontrado a melhor posição endireite bem o tronco e comece a tomar consciência da sua respiração. Pouco a pouco, deixe-a descer ao ventre. Execute o exercício durante cinco minutos.

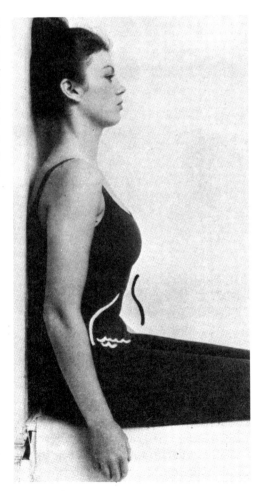

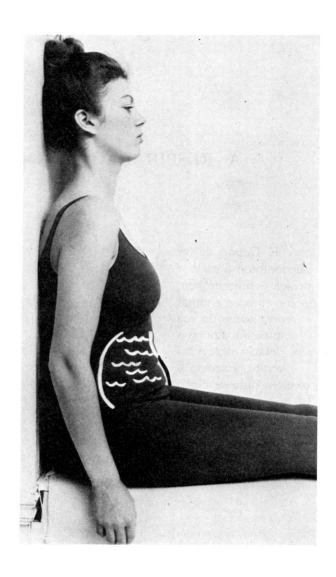

2. Agora, comece a inspirar, enchendo primeiro o ventre, depois a parte média e depois a parte superior da caixa torácica. Imagine que o seu ventre é como um balão que se enche de água quando inspira e que se esvazia quando expira. Execute o exercício durante cinco minutos.

3. Para a ajudar a tomar consciência deste movimento, coloque a mão sobre o ventre e "sinta" (imagine) o ar que entra e sobe quando inspira e o ar que sai quando expira. Execute o exercício durante cinco minutos.

   Depois de ter enchido o ventre, não se esqueça de encher também a caixa torácica, e depois o ventre, por contracção dos intestinos. Tente expirar completamente, sem contrair o ventre. Execute o exercício durante dez minutos.

RELAXAÇÃO DO VENTRE

1. Deite-se de costas, corpo relaxado, as mãos juntas abaixo do umbigo. Mantenha-se nesta posição executando a respiração do ventre explicada anteriormente. Sinta o movimento da respiração no ventre como se fosse uma onda que subisse e descesse. Deixe-se transportar por esta onda, fixando a atenção no ventre e na respiração, sem pensar em nada.
2. Se as suas costas estiverem curvadas, poderá conseguir relaxar-se levantando os joelhos, com as pernas em acento circunflexo (num ângulo de 45.º em relação ao chão e com os pés bem assentes no chão).

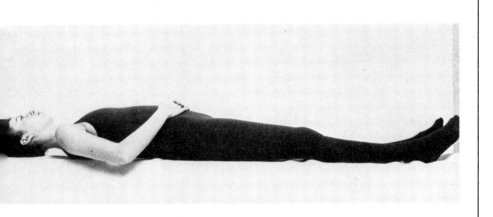

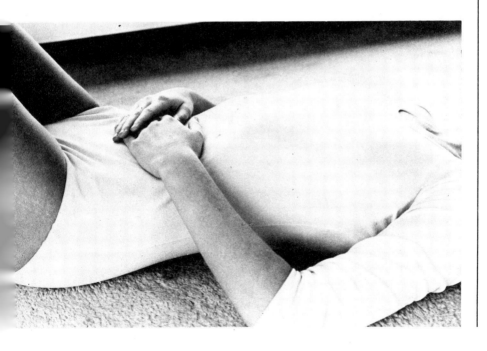

POSIÇÃO DE REPOUSO

Deixe cair completamente o peito sobre as pernas dobradas, a face voltada para o chão e os braços para trás. Nesta posição, relaxe-se completamente, continuando sempre a respirar.

COMO ENDIREITAR AS COSTAS

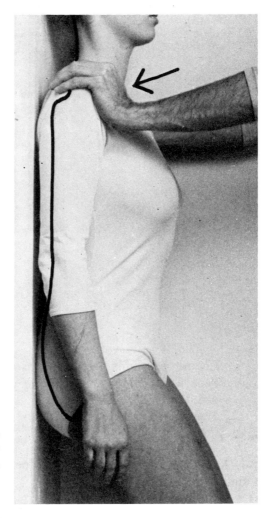

Aqui está um exercício que a ajudará a tomar consciência do que são costas direitas. Verdadeiramente direitas.

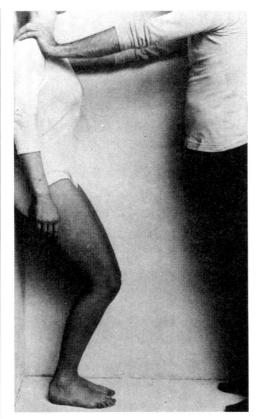
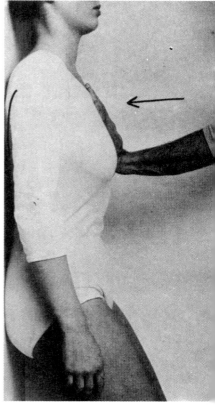

Encoste-se a uma parede, costas direitas, pernas flexíveis.
1. Peça a um amigo que empurre os seus ombros contra a parede.
2. Seguidamente o centro do peito.
3. Por fim as ancas e a pélvis.

Mantenha esta posição durante pelo menos três minutos e sinta o seu efeito.
No fim destes exercícios, sentir-se-á tonificada.

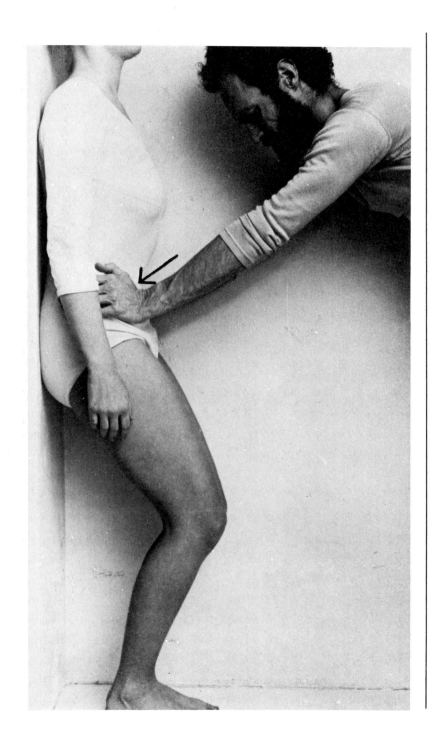

127

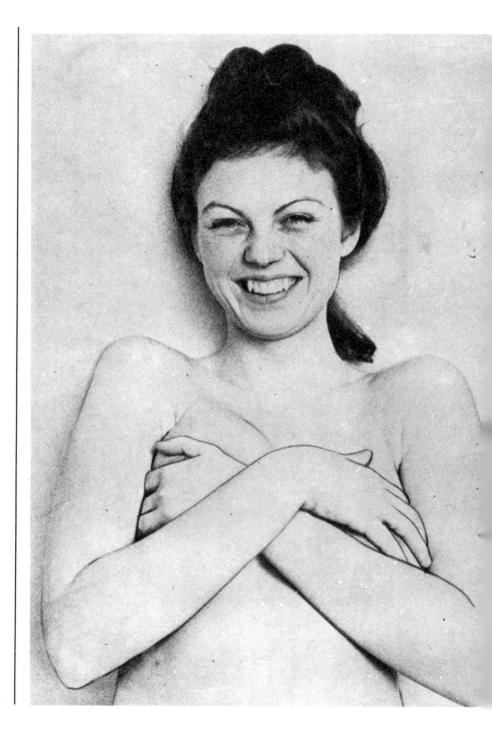

OS SEIOS

Como cuidar do seu peito.

Observe as associações e projecções que faz ao observar as imagens das duas páginas seguintes: descobrirá aí qual é a sua atitude em relação aos seios, porque se encontra perante dois extremos significativos.

Com ou sem espartilho?

É necessário que comece por aceitar o seu corpo tal como é: aceite-se tal como é.

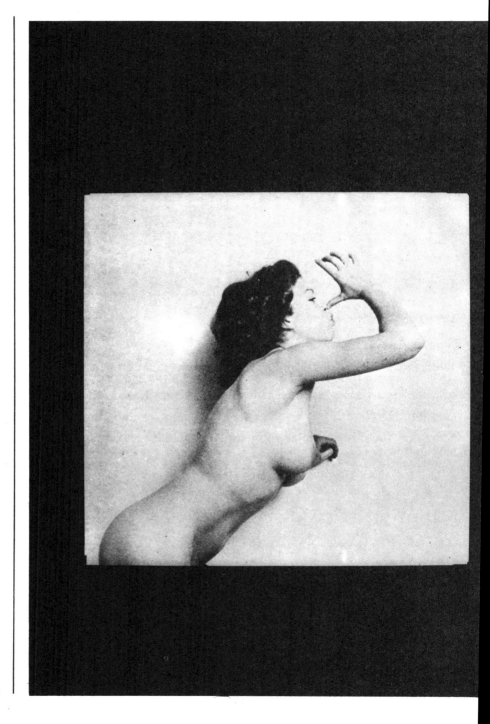

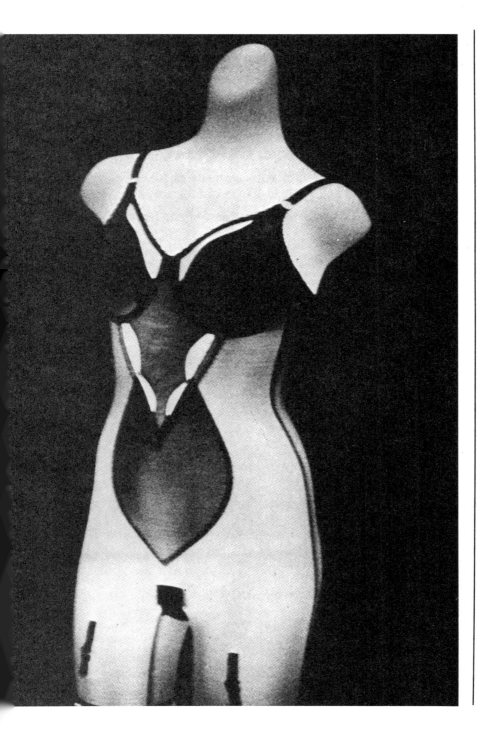

Não existe um peito ideal.

É inútil deixar que o seu ego ajuíze sobre os seus seios e é inútil compará-los com outros.

Mais vale aceitar e conservar o tipo de peito que tem, para o tratar e manter em forma.

Bastará que trabalhe as zonas indicadas abaixo.

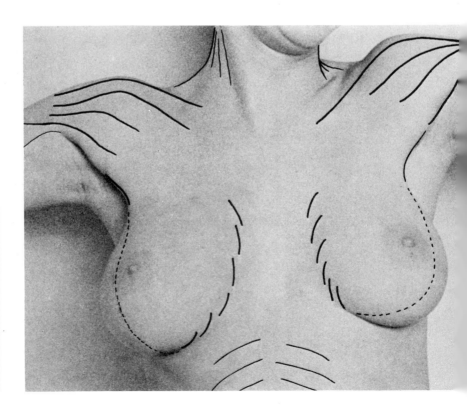

ALGUMAS SUGESTÕES PRÁTICAS

Os peitos mais volumosos devem ser apoiados por um *soutien* adaptado e bem estudado, pois, caso contrário, o peso dos seios pressionará muito os músculos.

Para os peitos reduzidos, é menos necessário. De qualquer modo não existe uma regra absoluta: é preferível que use *soutien* quando monta a cavalo ou dança o samba... ainda que se sinta bem com uma *T-shirt* ou uma camisa transparente...

Diariamente, lave o peito com água fria, mantendo o chuveiro em frente dos seios, na posição vertical.

Massaje ligeiramente os seios com uma luva de *toilette*.

Execute o movimento de rotação dos braços e ombros para pôr os pulmões e os peitorais em movimento.

Respire profundamente, enchendo bem os pulmões, elevando o peito e retendo o ar durante um ou dois minutos para abrir a caixa torácica.

Massaje os seios com frequência, partindo da cintura para os ombros e massajando-os depois em volta.

As senhoras grávidas podem massajar-se também e com regularidade até quinze dias antes do nascimento da criança.

O seu seio ficará mais flexível e a mamada será facilitada.

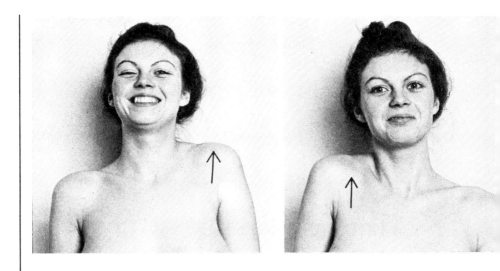

Segure dois pesos de 2 kg, um em cada mão. De pé, levante alternadamente o ombro direito e o ombro esquerdo e sentirá os peitorais suportar este peso.
Seguidamente, levante os dois ombros ao mesmo tempo.
Repita este movimento dez a vinte vezes por dia.

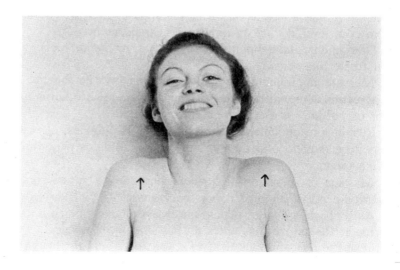

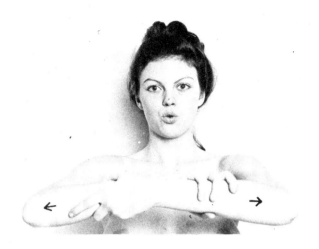

Com as mãos, segure os antebraços.

Durante a inspiração, puxe lenta e firmemente as mãos para fora.

Mantenha esta pressão durante alguns segundos e retenha o ar nos pulmões. Relaxe-se durante a expiração.

Execute o exercício quinze vezes, de manhã e à noite.

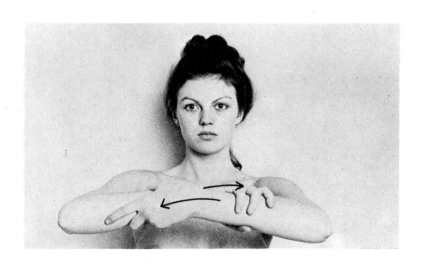

SINAIS DE INTOXICAÇÃO

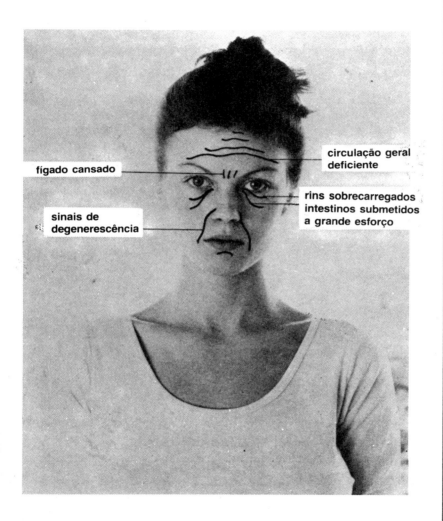

O estado interior do seu organismo e do seu ser pode ler-se no rosto todos os dias.

CURAS IMPORTANTES

Aprenda a curar-se utilizando elementos naturais eficazes e regeneradores. Por exemplo:

— o limão, que purifica o sangue;
— o alho, anti-infeccioso e poderoso digestivo;

e sobretudo:
— a argila, adstringente;
— a couve, poderoso catalisador.

A ARGILA

A argila é uma terra inteligente: não só liberta o corpo das toxinas, como regenera o magnetismo perdido.
Encontra-se em lojas de produtos dietéticos a preços moderados.
Pode utilizá-la:

— bebendo uma colher diluída em água, de manhã. Contra-indicação: ter comido demasiada carne ou corpos gordos. Por outro lado, todas as intoxicações alcoólicas ou outras podem perfeitamente ser tratadas com a argila. Não se surpreenda com o seu gosto a terra!
— aplicando-a na pele (máscara para peles gordas ou sujas), nas feridas (para as limpar) e em cataplasmas (sobre os órgãos, o fígado ou os pulmões, por exemplo).

Prepare estas excelentes máscaras para o rosto. São boas tanto para os homens como para as mulheres e revitalizam a pele.

Aplique a argila molhada sobre a pele húmida e deixe secar completamente.

Serve para alisar a pele do rosto, liberta-a de impurezas e refresca a pele e... o espírito.

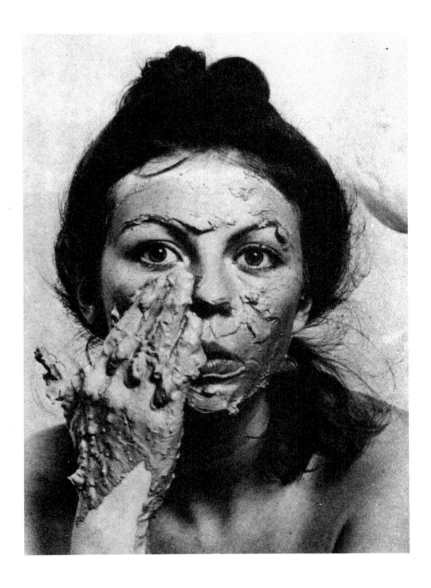

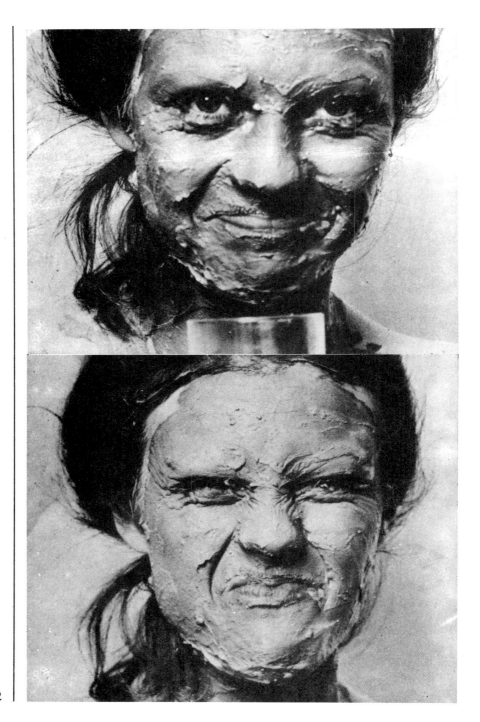

A COUVE

É um legume formidável!
Sabemos que é benéfica, comida crua ou cozida. Desconhecemos, no entanto, as suas propriedades no uso externo: tem na realidade o dom de atrair as impurezas e de eliminar as toxinas do corpo.
É excelente para acalmar as doenças da cabeça: tente e verá.

Eis dois exemplos: cefaleia tenaz que desaparece em duas horas, e pernas pesadas e fatigadas.

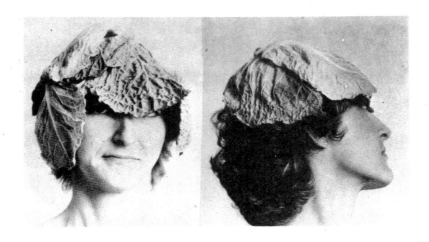

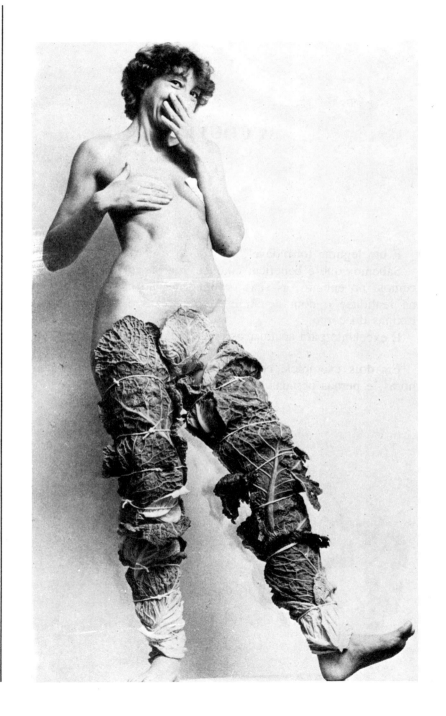

A EVOLUÇÃO

A única ocupação, o único trabalho fundamental de um ser humano, é evoluir.

Desenvolver as suas potencialidades latentes...

A evolução exterior é tão importante como a evolução interior. Tal como o corpo e o espírito, não podem ser separadas.

É necessário que desenvolva em si mesma a comunicação entre a personalidade social e o ser essencial.

Porque o nosso rosto interior é claro, honesto com os factos quotidianos, e cheio de humor e amor inatos.

Reconciliar os seus rostos...

A vida não é estacionária, mas sim um processo em constante mutação.

É necessário que enfrente a sua própria pessoa e o seu ambiente com a disponibilidade, a naturalidade e a força de uma criança, porque está escrito:

"Não entrareis no meu reino se não tiverdes o espírito de uma criança."

Sejam originais

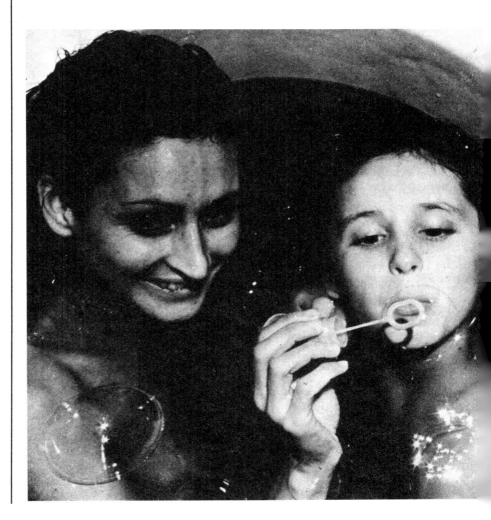

Tornem-se felizes.

ÍNDICE

	Pág.
PREFÁCIO	11
INTRODUÇÃO	17
COMO DEVE UTILIZAR ESTE LIVRO	21
MODOS DE APRENDER	23
A IMITAÇÃO	25
AS EXPERIÊNCIAS NEGATIVAS	27
A INFORMAÇÃO FACTUAL	29
AS EXPERIÊNCIAS POSITIVAS	30
DESPERTAR	33
O DUCHE DEBAIXO DOS LENÇÓIS	36
O DUCHE	40
AS FRICÇÕES	41
VISÃO DO DIA	42
EXERCÍCIOS MATINAIS	44
RESPIRAÇÃO DE RECEPTIVIDADE	48
AH-FU	55
RESPIRAÇÃO DE INTEGRAÇÃO	58
EXTENSÃO LATERAL	60
A GARÇA-REAL	64
A ROTAÇÃO DOS OMBROS	66
ROTAÇÃO DOS BRAÇOS	68

A FOICE 70
CÍRCULOS COM A CABEÇA 72
O CAMELO 74
A VELA E A CHARRUA 76
COMO EQUILIBRAR A SUA ALIMENTAÇÃO 84
NO ESCRITÓRIO 87
COMO SE REVITALIZAR 93
A DOIS 97
O CENTRO VITAL 100
RELAXAÇÃO COM MÚSICA 104
DORMIR MELHOR 109
AS POSIÇÕES BÁSICAS 116
A RESPIRAÇÃO VENTRAL 121
RELAXAÇÃO DO VENTRE 124
POSIÇÃO DE REPOUSO 126
COMO ENDIREITAR AS COSTAS 127
OS SEIOS 131
ALGUMAS SUGESTÕES PRÁTICAS 135
SINAIS DE INTOXICAÇÃO 139
CURAS IMPORTANTES 140
A ARGILA 141
A COUVE 145
A EVOLUÇÃO 147

Execução gráfica
da
TIPOGRAFIA LOUSANENSE, LDA.
para
EDIÇÕES 70, LDA.
em Junho de 1991